부암동 빵집

박영욱 시집

부암동 빵집

동행

■ 시인의 말

나의 상상력과 정열을
잔뜩 쏟아붓고 싶은 마음으로 썼지만
여전히 빠듯하니 겉돌다 만 듯하다.
글쎄...
그래도 또 詩를 쓰게 되리라.

2025년. 봄날
朴永旭

■ 차례

■ 시인의 말

1부

해바라기	13
지금 내 곁에는 드뷔시가 있다	14
박태기나무	16
혼돈	18
대지	20
맹인盲人	21
달빛	22
젖은 길	24
회화나무	25
누구나의 봄	26
무더위	28
장모님	30
풀밭은 우주다	32
눈물	33
허무한 놀음	34

2부

흐르는 저녁	39
매미	40
텃밭	42
사색연습	44
묵호 밤바다	47
사람의 무지	48
끝길	50
노점 상인	53
차창 밖으로 산들이 지나간다	54
모래 굴	56
지구 밟기	58
꽃향유	60
감각의 현혹	62
세상과의 접촉	64
싸락눈	66
삶	67
죽음	68

3부

실망	71
축복	72
비애悲哀	74
순리順理	75
희원希願	76
생각 둘	78
지난날의 언젠가처럼	79
부암동 빵집	80
쓸쓸함	83
인간과 산	84
산딸나무	86
고양이	88
긴 세월	90
납덩이	92

4부

가을 하늘	95
인류에게	96
오후의 정경	98
잠자리	100
숲속 그림자	102
매발톱꽃	104
실토實吐	105
해감	106
황홀한 숲	108
안개	110
인생1	112
인생2	114
인생3	115
겨울 햇살	117
■ 작품해설 ｜ 송기한	118

1부

해바라기

초가을 볕이 따갑다
파란 하늘을 향해 서있는
해바라기 꽃들이 보기에 좋다

'기쁨'이 번져 나올 줄 알고
가까이 다가갔는데

해바라기 꽃에서 이슬처럼 고인
눈물과 슬픔이 보인다
비애와 허무가 비친다

이것들을 퍼내려고
말을 걸어보고
노래도 흥얼거리면서
한참을 서있었다.

지금 내 곁에는 드뷔시가 있다

똑바로 걸어가는 사람들이 부러울 때가 있었다
그들에겐 부동한 인생의 신념이 있는 듯 보였다

무언가에 이끌려서
그냥 떠밀려 내려가던 나날들...
가슴에는 작은 웅덩이가 있었고
마음은 늘 축축하게 젖어 있었다

생각이란, 언제나 봄날의 날씨보다 변덕스러웠고
너울대는 감정들은 아찔한 무아경만을 꿈꾸고 있었다
시간時間에서 동떨어져 나온 순간瞬間들만이 의미가 있었다

포부니 계획이니 하는 것이 사라진 듯 했고
삶에 무얼 채운다거나 덜어내는 일은
해서는 안 되는 일인 것처럼, 그저 밀쳐내기만 했었다
살아간다는 단순한 사실만이 이어지는 날들이었다

뒤죽박죽 혼돈 속에도

가끔씩 달아오르는 기묘한 희열이 있었다

따사로운 햇살이 식물을 소생시키듯
내면을 출렁이게 하는 음악들이
나를 끌어안을 때면 나는 쉽게 도취되었다

낮밤 없이 수시로
발랄한 선율에 이끌리거나
엄중하고 웅혼한 소리에 휘감겨버렸다

음악은 나에게서
의기소침이나 우울을 걷어가 주었고
빛을 담은 환희를 소망하게 해주었다

파고드는 섬세한 선율에 마음이 닿아질 때면
멀리 구름사이로 무지개가 보이는 것 같았다

지금 내 곁에는 드뷔시가 있다.

박태기나무

박태기나무가
야트막한 언덕에서
따사로운 봄 햇살을 받으며
한껏 게으름을 피우고 있었다

어느 날 주변을 둘러보니
개나리, 목련, 살구나무 등의 꽃이 현란했고
이미 꽃이 진 나무들도 많이 보였다

풀밭에도
냉이, 꽃마리, 제비꽃 등이
하양, 노랑, 자줏빛을 저마다 뽐내고 있었다

다급해진 박태기는
분발해서 진분홍 꽃들을 쏙쏙 피워냈다
서두른 덕분에 박태기나무 꽃들도
여느 봄꽃들 못지않게 예쁘게 피어있게 되었다

벌 받은 아이들처럼 얼굴을 붉히고
가지마다 주르르 피어 있는 모습이 귀엽다
박태기 꽃들은 작년 봄에도, 그전 해 봄에도
서로 다닥다닥 가지에 붙어서
그렇게 매달려 있었다.

혼돈

무언지 모를 강박의 울타리 속에서
지리멸렬에 익숙해져 버린 나날들
그럴 때가 있겠지 하며
일부러 대수롭지 않게 생각해 본다

그날그날을 흘러가는 대로
生活에 그저 매달려 있을 뿐이다

감각이나 생각이라는 것이
자기 멋대로 버둥거리지만
그냥 예사로운 일이라고 여긴다

여태껏 산다고 살아왔는데
새삼스럽게
앞으로는 어떤 식으로 어떻게
세상과 연관을 맺고 살아가야 할지 모르겠다
또 그럴 필요가 있어야 하는 지도 모르겠다
과연 나는 앞으로

무슨 실존을 그리며 살아가야 하는가

내 몸 내부에서
각성의 불빛이 번쩍하는 날이 언제 오게 될까
지난날들처럼,
두근거리는 마음으로
발걸음 가볍게 숲길을 다시 걷게 될까.

대지

대지가 누워있다
하늘을 향해 그냥 조용한 늪처럼 누워있다
세상의 모든 것에 관심을 갖고 싶지 않고
오직 푸른 하늘만을 바라보고 싶은가 보다.

맹인盲人

그를 보면 함부로 슬퍼진다
표정을 잃은 모습이 안쓰럽게 보인다
어색하게 지레 미소를 내보이는 얼굴은
눈물을 보이는 얼굴보다
더욱 측은해 보인다

그를 보면 가슴이 꼭하게 막혀온다
섣부르게 덥석 손을 붙잡아주고도 싶어진다

필요한 경우에만 던지는 정중한 말도
들을 당장엔 안 그렇지만
이내 **뻐근**한 여운으로 남는다

뿌연 세월을 밟고 가는 그이의 걸음걸음은
남모르게 쌓여진 인고忍苦의 내디딤이라.

달빛

누구나가 사무침을 한 움큼씩 가슴에 안고
그저 버드럭적거리며 살아간다
떼꾼하니, 불길 없는 방에서 자고 난 사람처럼
몸에는 잔뜩 불안의 가루들이 달라붙어있다

사람과 사람 사이에서 흐르던
정중함, 신의, 훈훈함, 배려 등도
언젠가부터 가뭄에 눈물 줄어들 듯
스륵 스륵 사라져 버렸다
느닷없는 폭우에 흙더미 쓸리듯
너무 쉽게 무너져 내렸다

참렬하다

아는 사람들...
모르는 타인들...
모든 인간들과의 엮임을 훌훌 떨쳐내고
따로 마련된 세상 어딘가에서 살고 싶다

홀가분하게 내처 그렇게 살아가고 싶다는 생각이
바람 잦길 고대하는 섬사람들의 마음처럼
요즈음은 더욱 간절해진다

희멀건 달빛 아래
시린 세월은 쫓기듯 달아난다
공허가 얼룩거리는 내 얼굴을 달 속에서 본다.

젖은 길

젖은 길을 걷는다
마른 길보다 밟는 감촉이 좋아
한 걸음 한 걸음 찬찬하게 걷는다

걸을 때마다 피어오르는 흙냄새 풀냄새…
일부러 심호흡을 크게 하면서 걷는다

나뭇잎에 매달린
은빛 물방울들이 영롱하다

가늘게 내리던 비가 그치고
흐렸던 하늘이 변해지면서
한쪽으론 푸른빛도 보인다

가까운 듯 먼 곳에서
뻐꾸기 소리가 들려온다
나는 돌아갈 생각을 잊고 자꾸 걷는다.

회화나무

고궁 마당에서 으레 볼 수 있는
키가 헌칠하고 점잖은 회화나무

세상의 모든 흉한 일들을 삼켜버리고
그저 태연하게 서있다

세상이 어느 지경까지 찧고 까불든
조금도 개의치 않는 것 같다.

누구나의 봄

우리 동네는 봄을 조금 일찍 볼 수 있다
주변의 초목과 새들의 동작이 성급하게 알려준다

바야흐로 만물들이 소생하는 봄이 온 것이다
언 흙이 풀리자마자 비집고 올라온
새싹들의 생명력을 보면
인간으로 느껴지는 경외의 탄성이 절로 나온다

휴식기에 들어갔던 감정선들이 움찔거리고
맥박과 호흡들이 원래의 활력을 다시 찾는다
가슴이 뜨거워지고 눈도 크게 열린다

새들도 떠들썩하니 도처에서 분주한 듯하다
춥다고 웅크렸던 새들이나
새침하니 따로 떨어져 있던 새들도
한 덩어리가 되어 발랄하게 날아다닌다
'누구나가 기다렸던 봄이죠'라는 듯
여기저기 좋아라 날아다닌다

다른 동네 새들도 날아와 한데 어울린다

새들도 우리들처럼 봄기운이 스며들면
들썩대며 솟구치는 감정을
주저앉히기가 쉽지 않은가 보다.

무더위

팔월이 빠르게 다가왔다
여전히 변덕스러운 하늘에는
잔뜩 먹구름이 보인다
정작 섣부른 비조차 내리질 않고
그저 습하기만 하다

낮은 물론 밤공기마저 찐득거린다
무더위가 온 대지를 덮어 버렸다
천체 운행에 탈이 생긴 것 같다

연이은 더위에 새들도 지쳤을까
아무래도 전보다 둔중하게 나는 것 같다

강아지와 함께 산책하는
여인의 발걸음이 더디다
신나게 뛰놀던 아이들의 소리도 사라졌다

간간이 들려오는

맥 빠진 매미소리가 측은하다
구름들이 다시 흩어진다
쉽사리 무더위가 물러갈 것 같지 않다.

장모님

시장을 지나다가 국수집엘 들렀다
과장되게 손님을 반기질 않고
국수도 입에 맞게 해주어서
가끔 들르는 집이다

얌전한 아주머니 혼자서
잔치국수, 비빔국수, 칼국수 등을 파는
몇 평 안 될 아주 작은 가게이다
소리 내며 돌고 있는 선풍기 아래서
묵묵히 국수를 삶아
대번에 열무김치와 함께 내준다

맛있게 먹다가
계란 껍데기 엎어 놓은
군자란 화분 하나를 보게 되었다
그 순간 한참이나 잊고 살아왔던
돌아가신 장모님이 떠올랐다

나도 모르게 눈물이 핑 돌았다
장모님은 꼭 화분마다 그렇게 하셨다.

풀밭은 우주다

풀밭에 비스듬히 누워서
풀 사이로 바라보면
파란색 풀들만 보인다
풀밭은 우주다.

눈물

자꾸만 달아나는 봄날을 놓칠까봐
벌판으로 달려 나가 마주 설 순 없겠지요

수차례 거듭해보는 곡진한 설득으로도
돌아서야만 할 사람은 막아 낼 수 없겠지요

온몸으로
따끔거리는 상실감이 번집니다

우박처럼 투닥투닥 쏟아져 내리는 눈물은
오래질 않아 멈춰지겠지만
가슴에 한참이나 배어있을 눈물은
쉽사리 멈춰지질 않겠지요

눈물은 자꾸
새로운 또 다른 눈물이 되어 흐릅니다
언제까지라도 이렇게 흐르도록
그냥 놔두어야 할까요.

허무한 놀음

아궁이속의 타는 가시나무 소리처럼
공허한 울림이 인생이라 했던가

아무리 생각해봐도
그저 헛된 날들의 총체가 인생인 것 같다
온통 공허로 가득한 것이 누구나의 일생일 것이다

우리는 어느 날 세상에 던져지고
언제인가부터는
엄청난 공허함을 어쩔 수 없이 받아들이며
겉으로는 안 그런 양 살아가게 된다

문득 문득 공허의 범벅 속에 파묻히지만
가끔은 공허가 안개 걷히듯 사라져주기도 한다

등에 혹을 얹고 사막 길 가다가
쓰러지는 낙타가 있듯이
공허를 몸에 달고 버거운 듯 인생길 걷다가

어느 순간 스스로 떠나버리는 인생도 있다
내세가 있다면 그이는 그곳에서
어쩌면 편안한 심경으로 살아갈지도 모른다

인생 살아가는 일처럼 허무한 놀음이 어디 있을까
하늘까지 탑을 쌓던 사람들도 있지 않았던가

바라보면 마음이 따스해지는
저녁노을이 보고 싶어진다.

2부

흐르는 저녁

한참을 오르던 햇발이 주춤하더니
오후의 날깃한 시간들도 호르르 사라지고
이내 두툼한 저녁이 흐른다

멀리 하늘 끝에는
저녁노을이 짙게 영글고
나는 공활한 벌판에 홀로 서있는 기분이 된다

지금,
내 안으로
무언가를 충만토록 받아들이고 싶다

어둠이 내리면 차가운 밤일망정
고스란히 가슴에 담아보리라.

매미

가까운 숲에서 난무하던 매미소리가 뚝 끊겼다
가슴을 찔러대던 매미소리
여름내 풍성했던 그 소리가 일시에 사라져버리니
나도 모르게 마음이 사르륵 허전해진다
나무에 찰싹 붙어 울어대던 매미의 모습이
바로 지금인 양 떠오른다
...

작은 입에 닿아지던 차가운 새벽이슬의 감촉
황홀해져서 한참이나 귀대고 듣던
나무 수액樹液흐르는 소리
처음 가본 숲의 낯설음
너무나도 무서웠던 예기치 못한 비바람
함께 지내던 벗과의 돌연한 이별
날개 밑으로 스며들던 이른 저녁 향기
하늘 끝에 비껴있던 붉은 노을
가끔씩 보았던 별 몇 개
부드럽고 섬세한 달빛

매미들은
마지막 순간에도
슬퍼하며 펑 울지 않고
이 모든 것들을 기억하고 찬미했으리라.

텃밭

울타리 밑으로 호박넝쿨이 줄을 만들어 놓았다
꽃이 피고 잎도 넓어진 후
연녹색의 통통한 호박들이
없는 듯 있는 듯 줄기에 달려있다

절 구경이나 다닐 노인이지만
동네 텃밭에 부지런히 나와서
고추며 가지며, 들깨, 호박 등을
풍성하게 길러놓으셨다

순이 나오면 사람들이 잎을 자꾸 따서
자랄 틈이 없는 것 같은 채소들이지만
볼 때마다 신기하게 파란 잎들이 무성하다

비온 후 밭에 들르면
주변을 부유하는 싱싱한 공기의 입자들이
마치 채소들의 숨결처럼 느껴진다
냇물처럼 흘러내려오는 산바람을 맞으면서

자연과 나 사이에는 은밀한 친화親和도 생겨난다

집으로 돌아올 때는
젖은 몸 햇볕에 말린 아이 때의 기분처럼
온 마음이 상쾌해진다.

사색 연습

나는 여태껏 제대로 사색할 줄 모른다
그러니까, 생각은 하지만
그 생각으로 무언가를 찾는데 많이 서툴다
꾸준히 연습을 하면 되겠지 하며
틈나는 대로 호젓한 숲을 찾는다

자연 속에서 자연을 대상으로 떠오른 생각이나
그 생각에서 파생되는 또 다른 생각들은
대부분 단순해서 묶기가 수월하다

음악이나 문학작품 속에서 뻗어 나온 생각들은
비교적 느슨하지만 때론 자극적이기도 하다

글쓰기를 염두에 둔 사색은
시작이 따분한듯하다가
급하게 흥분되기도 하면서 자주 변덕을 부린다

문제는 '사람들'이다

그때그때 떠오르는 대로 가족을 포함한 타인들을
내 사색의 그릇에 담았다가
한 사람 한 사람 꺼내어 생각해 본다

생각은 금세 번잡해진다
얼른 나는 그들을 머리에서 지우고
오로지 나 자신만을 생각한다

여러 모습의 내가 불쑥불쑥 떠오른다
지금의 나와 앞으로의 나를 떠올릴 때면
서늘한 달빛이나 진홍색 노을이 어릿거려
가슴이 찌릿해진다

대번에 기분을 바꾸고 싶은 생각이 든다
그래서 내 생각이란 것은
저절로 어린 시절로 돌아가게 된다

맨날 맨날을 자연 속에서 뒹굴던 유년 시절이

생생하게 내 앞에 펼쳐진다
가슴이 따뜻해지고 마음이 순해진다
그리고 꿈을 꾸는 것처럼
넓은 꽃밭이나 푸른 숲에 있는 어린 내가 보인다

아득히 멀어져갔지만
눈부신 햇살 같던 유년의 날들처럼
그렇게 하루하루를 수럭수럭 보내리라 염원해본다

사색연습...
나도 모르게 마음이 안온해지는 나의 사색연습
구름기둥의 인도引導를 따라 나섰던 사람들처럼
지금의 나는 과거의 나를 따라 나선다

달그림자 흐르듯 시간이 차갑게 흘러간다
내 사색연습은 차가운 시간 속에서도 계속되리라
그리고 언제나 혼자만의 연습으로도 족할 것이다.

묵호 밤바다

아! 인생이란 이런 거였네
무의미가 넘실대는 검은 파도였어
그런데 자꾸 그 안에
무언가 들어 있는 줄로만 아네.

사람의 무지

누구라도 한때는
마음에 티끌만 한 곡절도 없이
편안한 세상에서 편한 사람들과
살아가는 얘기 나누면서
늘 뿌듯한 심사로 살 거라 소망했으리라

이 세상의 그 어떤 일도
절망이라고 여길 건 없을 거라 여겼고
온 하늘을 덮어버리는 시커먼 먹구름이 무서워
몸을 숨기게 되는 날이 있게 될 줄도 몰랐으리라

지워지길 바라지만 지워지지 않는
아픈 기억이 생길 줄을 몰랐고
일상의 순리라는 것을 거역해버리고
우주의 질서마저 흔들어대고 싶어질 때가
생길 수 있다는 건 더욱 몰랐으리라

숲속의 작은 수목이

간신히 빛 한 덩이 포착할 때의 희열을
인간이 어떻게 알 수 있겠으며
무심코 밟혀서 허리가 뭉정 끊긴 개미의 비애를
인간인 우리가 어떻게 헤아릴 수 있겠는가

새까만 밤의 정적
그 암흑의 기묘한 긍지를 과연 어떻게 알 수 있겠는가.

끝길

'지금'이라는 시간 속에서 나는 길을 걷는다
시간들도 지금의 틈 속에서 나와 함께 걷는다

시간을 외면하고 그냥 혼자 걷고 싶어서
나와 동행이 된 시간들에게
따라오지 말라고 큰 소리로 외쳐본다

시간들은 여전히 타고난 진행성進行性을 과시하듯
내 말엔 아랑곳없이
전진前進밖에 모르는 전사들처럼
더욱 씩씩하게 뚜벅뚜벅 앞으로 나선다

나는 시간이 존재하지 않는 곳에서
전혀 시간의 흐름을 모르는 채
단 하루라도 목석木石인 양 살아보고 싶다고
시간들에게 다시 한 번 외쳐본다

아! 웬일인가

내 두 차례의 절규가
시간의 마음을 제대로 흔들어 놓은 것인가

원망스럽던 시간들이 주춤거리는 듯하다가
순식간에 흙먼지 퍼지듯 흩어지기도 하고
소금 먹은 푸성귀처럼 흐물대기도 한다
시간들이 사라지는 것이다

돌연한 변화에 기연미연하다가
나는 얼른 잠깐의 흥분을 진정시키려고
큰 호흡을 해본 뒤
병치레했던 사람처럼 조심조심 걷는다

차차로 들뜬 마음이 가라앉으니
어느새 홀가분하니 걷기에 수월해졌다

그렇지만, 나의 염원대로
홀로 단출하게 걸어 본 것도 그저 잠시뿐

어쩔 수 없이 내 발걸음은 다시
'지금' 속에서
시간이 이끄는 대로
끝길을 향해가고 있다.

노점 상인

그럴싸한 취향과 반질거리는 소양을
찬찬하게 갖출 겨를이 없었지만
감추어진 인생의 실체적인 진의를
누구보다 잘 알고 계신 분들이 있지요

이분들은
희락喜樂의 밖에서 살고 있는 듯하지만
아이 같은 순수함과
노인 같은 관대함을 갖추고
조용히 그 안에서 은거합니다

가깝던 이와 결별한 사람이
허전함을 누르고 사는 듯한 표정이지만
이들에겐
관조와 달관의 세월이 느껴지지요

분명 이분들 체내 깊숙한 곳에는
겸허와 관용의 즙汁이 고여 있을 겁니다.

차창 밖으로 산들이 지나간다

차창 밖으로 산들이 지나간다
드문드문, 흐르는 냇물이 지나가고
언덕바지의 작은 예배당도 지나간다

납작하게 엎드려 있는 어떤 마을 뒷산이 지나간다
마을에는 우물터가 있을 것이고 가까이에는
비온 후 아이들이 휘젓고 노는 도랑물이 흐를 것이다

두어 봉우리 지나서 볕이 좋은 곳에
어디서든 본 것 같은 꼬마 산이 지나간다
가을이면 밤나무에 밤들이 탐스럽게 입을 벌릴 것이고
아이들은 일찍부터 설레는 마음으로
형들을 따라 밤을 찾아 나설 것이다

작은 산을 품에 안고 있는 제법 큰 산도 지나간다
마치 봉긋한 여인의 젖가슴 같은 봉우리도 스친다

족제비, 산토끼, 고라니 등이

터 잡고 살고 있을 것 같은
원시의 숲처럼 깊은 골짜기도 지나간다

연달아 차창 밖으로 파란 산들이 지나간다.

모래 굴

집을 짓는 곳 한쪽에는 으레 모래더미가 있었다
어른들이 공사장에 강모래를 부리고 가면
어떻게들 알았는지 아이들이 모여든다
아이들은 약속이나 한 듯 일제히
신이 나서 굴 파기를 한다

모래더미를 뺑 둘러앉아
열심히 모래 굴을 판다
손끝과 팔뚝에 축축한 느낌이 들면
더욱 흥분하여 정신없이 굴을 판다
굴 파기 공사는 점점 생각대로 되어간다

얼마 후 완공된 몇 갈래의 굴은
서로 통하기도 하고
팔을 뻗으면 손과 손이
굴 안에서 서로 닿아지기도 한다
굴 저편으로 친구의 웃는 얼굴도 보인다

손과 손, 팔과 팔은 은밀한 공간에서
잠깐 스쳤지만 서로에게 교감을 만들어 낸다
차가운 손으로 흐르는 따뜻한 감촉
아이들은 서로를 쳐다보며 흐뭇하게 웃는다

다음에는 더욱 잘 지어 보자는
무언의 다짐을 하며 아이들은 헤어진다.

지구 밟기

무자비無慈悲를 드러냈던
벌건 여름이 어디론가 사라지고

나는 다소의 안정을 찾고
온몸으로 청량함이 감촉되는 숲길을 걷는다

가끔씩 엠마오로 가는 길 같다는
전혀 근거 없는 상상을 하게 되는 숲길이다
누런 가을에는
저절로 지난 세월을 되짚어보게 되는 숲길이다

조만간, 이 숲에서 또 한 계절이 사라질 것이고
그렇게 시간은 다짜고짜 계속 흘러만 가서
마침내 하얀 겨울 속으로 파고들 것이다

나는 들썩대는 찬바람을 온몸으로 느끼며
언젠가 달 표면을 밟았던 몇 사람들처럼
거슬거슬한 지구 껍데기를 밟는다

홀로 거침없이 익숙하게 밟는다

언제까지나
꾹꾹 발자국을 남기며
작은 나라 긴 숲길에서
나의 지구 밟기는 계속될 것이다
그럴 것 같은 기분이 든다.

꽃향유

햇살과 바람이 맑다
가을 산 여기저기 꽃향유들이 한창이다

앞에서 보든 뒤쪽에서 보든
짙은 자줏빛이 더없이 화려하고
뿜어내는 향기는
풀섶 주변 굵은 산벌들도 유혹한다

몽환적인 깊고 진한 자주빛깔은
보는 순간
기쁨과 슬픔이 한꺼번에 어린다

감정의 작은 혼돈이 잦아들고 나서
다시 한참을 들여다보면

얼룩져서 마땅찮던 세상은 사라지고
언제라도 애틋하고 그리운
어린 시절의 여러 날들이 떠오른다

꽃향유는
그냥 모여 있는 산꽃이고
그냥 쉽게 보게 되는 들꽃인데
볼 때마다 묘한 신비감이 느껴진다.

감각의 현혹

내가 좋아하는 대상이
역시 나를 좋아한다는 느낌을 받게 될 때처럼
행복한 순간이 있을까
분명 내 둔한 감각의 현혹일 것이다

자주 다니는 산길 위로
해가 돋는 동쪽을 바라보며 앉아있는 바위가 있다
오랜 세월을 의연한 침묵으로 그래 왔을 것이다
마치 웅크린 바둑이 형상 같아서
나는 바둑이 바위라 부른다

산에 갈 때 마다 자주 보게 되어
우리 둘 만의 소중한 친밀감이 쌓여갔다
나는 그렇게 생각했으며
가끔은 한 자리에 붙박혀 있는 바위가
측은하게 여겨지기도 했다

오늘은 바둑이 바위 쪽에서

소리를 내며 바람이 세차게 분다
부는 바람 탓에 갈라지는 구름 아래서
바둑이 바위가 나에게
자기 곁으로 오라고 부르는 것 같다
그런 생각이든 것은 처음이다
짧은 순간이었지만, 나는 아이처럼 기뻤다

얼마 후 바람도 잦아들고
새들도 자신들의 자리를 찾아가면서
본래의 산의 질서가 회복되는 것 같았다
바둑이 바위도
새로 단청을 입힌 산사山寺처럼
말쑥하니 전보다 훨씬 보기에 좋았다
자태에서 의젓한 품격마저 느껴졌다

서로 한참을 바라보며 흐뭇해하다가
우리는
안 하던 작별 인사까지 나누며 헤어졌다.

세상과의 접촉

쌀통에 쌀이 줄어들 듯
내게 남은 시간이 점점 줄어든다
세상 안에서 오래도록 머물고 싶지만
어느 날 나도 누구나처럼
차가운 세상 밑으로 던져지고 말 것이다

세상보다 더 높은 곳에
나만의 세계가 있는 양
스스로 우쭐대며 살아가면서
가끔은, 훗날 간결한 마감이 되기를
속마음으로 바라기도 해보지만

생전의 행보가 여하如何하든
죽음과 동시에
나는 영락없이 세상에서 사라지고 말 것이다

여름날 무성한 초록의 숲
그 안에서 의기양양하게 펄럭대던 이파리들도

어쩔 수 없이 찾아오는 조락凋落을
피할 수는 없지 않은가

언제나처럼, 앞으로도 시간은 변함없이
무던하게 흘러갈 것이다

문득
누군가와의
긴 웃음과 향긋한 속삭임이 그리워진다.

싸락눈

야단스럽게 휘젓고 내리는 싸락눈을
얼굴에 맞으며 한참 동안 올려다본다
얌전하게 가만가만 내리는 함박눈과는
판연히 다르다

하늘에서 무언가 마땅찮은 일이 있었는지
툴툴대며 흩어져서 제멋대로 내려온다

칭얼대던 아이가
얼마 안 가서 포근한 엄마 품에 그치듯
팔랑대던 싸락눈이
오래지 않아 여린 햇살 속에 그쳤다.

삶

삶이란 그저

넘치는 기쁨과 소망을 안고
따스하게 보낸 날들

파고드는 외로움과 스며드는 슬픔 속에
차갑게 보낸 날들

그런 날들의
총화總和인 것 같다.

죽음

죽음은 자기 멋대로
조금 앞당겨 달려들거나
뒤처져 올듯 말듯 하다가도

이내는 영락없이 찾아드는
종잡을 수 없는 손님이다.

3부

실망

안타까운 일이죠
'오래 살아보니 이런 부류의 사람은 피해야겠더라
이런 사람을 사귀면 나에게 보탬이 안 되더라' 하면서
비장祕藏했던 삶의 처술處術을
비로소 밝히는 양 말합니다

'남과 달리 장수의 축복을 받았나 봅니다
그런데 이제 와서 돌이켜보니
품어야 할 사람이 많았는데
그러질 못했던 것이 후회로 남네요.'
이런 식의 회고가 있을 줄 알았지요.

축복

여름을 아직 품고 있는 산에
가을이 시원한 바람으로 다가 왔다

푸르고 깊은 초가을 하늘
가까이 보고
멀리 두고 보고
자꾸 보게된다

가을 하늘이 뿌려주는
수정 같은 축복들이
고스란히 내 몸 안으로 스며든다

가끔씩 멀리서 들려오던
청딱따구리 울음소리가
가깝게 들린다

산 곳곳에서
가을의 맑은 정기精氣가

석류씨 터져 나오듯
서슴없이 툭툭 튀어나온다.

비애悲哀

늘 푸르렀던 어린 시절은 안개 되어 사라지고
어수선한 마당 같던 나날들도 제비처럼 가버리니
이제는 살그머니 작은 언덕이 눈에 들어온다

잃어버린 시간은 잃어버린 대로
다가올 날들은 그 날들 대로
더없이 애틋해져온다

무한한 시간과 광활한 공간
자연은 늘 이들과 동반하여
끊임없이 신비로운 조화를 만들어내는데

떠들썩한 인생을 살기 원하는 사람이나
묻혀 지내기를 바라는 사람에게나
유한하기만 한 그대들의 삶은
순조롭고 고상한들 너무 짧구나

캄캄한 밤의 어둠이여!
인간이란 생명체의 비애여!

순리順理

먼저 기름을 두른 후에 생선을 굽듯이
다음날의 식사를 전날 미리 하지 않듯이
대부분의 일에는 행동하는 그 순서가 있다
순서를 무시하거나 뒤바꿀 수 없지 않은가

꽃이 피는 시기나
벌레나 곤충들이 활동하는 시기에도
자연스러운 정해진 순서가 있을 텐데
어느 때부터는 꼭 그렇지가 않은 것 같다
환경 변화의 영향 때문일 거라는 생각이 든다
린네나 파브르 같은 이도 그렇게 생각했으리라

매사에 지켜지고 있는 순서와
자연의 이법이나 세상살이의 이치가
좀처럼 엉뚱해지지 않기를 소망해 본다

순리順理가 영원한 세상의 원리原理이기를 갈망한다.

희원希願

요즈음 부쩍 내 머릿속엔
음산한 생각과 부루퉁한 생각으로 가득하다
너절하고 구차한 욕망들이
달맞이꽃 꽃잎처럼 잔뜩 오므리고 있다

시답잖은 안전문자 오듯
수시로 허전함과 쓸쓸함도 달려든다
상쾌함이란 대관절 어디에 존재하고 있는가
찾아와주길 고대하지만 좀처럼 다가오질 않고
묵직한 공기만이 온통 머리 위에 모여 나를 누른다

울릉도 '깍개등'처럼 가파른 절벽도
내 앞에 버티고 서있는 것 같다

아! 어둠속에 젖어있는 내 마음 밭에
여름날 햇살 같은 하얀 빛이 언제 또 비쳐줄까
차분하고 평온한 일상이 언제 다시 찾아올까

희비가 따르게 마련인 인생길에서
기쁨만을 건져 올리며 홀가분하게 살아갈 순 없을까
늘 아이처럼 선량한 마음으로만 살아갈 순 없을까

우주가 빚어내는 은밀한 조화에 설복하며
몇 번씩 살아본 인생을 되살아보는 듯
마치 현자라도 된 듯 살아가고 싶다.

생각 둘

혼자는 외롭고
함께는 괴롭다는 말
글쎄,
그런 것 같기도 하고
그렇지 않은 것 같기도 하네.

지난날의 언젠가 처럼

지난날의 언젠가처럼
가슴 두근거리는 일들이
다시 생겨났으면...

가까운 동산에 올라
지는 해나 둥근 달을
다시 아이 눈으로 바라볼 수 있었으면...

지미페이지의 현란한 연주
알파치노의 푸스스한 얼굴
다시 처음이듯 빠져봤으면...

잊힐만하면 흐무럭거리는
뿌연 미망未忘의 잔재들
다시 내게 떠오르지 않았으면...

부암동 빵집

부암동에는 빵집이 세 군데 있다
내가 가끔 가는 집은
세상 잇속에 얽매이지 않은 듯한
삼십 대 자매 둘이 하는 집인데
몇 번 가질 않았는데도
늘 다녔던 것처럼 편한 집이다

집에서 산길로 가면 한 시간이 더 걸리고
그냥 길로 걸으면 한 시간이 채 안 걸린다
다양한 빵들을 머리에 그리며
부암동 빵집을 향해 걸어갈 때면
설레는 마음에 저절로 흥분이 된다

기다려서 살 때도 있고
딱 맞는 시간에 살 때도 있다

서양식의 다양한 빵들이 유혹하지만
결국은

어릴 때 먹어본 낯설지 않은
단팥빵과 소보루빵을 사게 된다
누런 빵 봉투를 손에 들고
집으로 돌아갈 때는
무언가 큰일을 해낸 것 같은 기분도 든다

날이 풀리면
손주 손을 잡고 함께 다녀갈 생각이다
이런저런 얘기하며
가고 오는 길이 얼마나 즐거울까
그날은 손주에게 밤만쥬도 사주고
두툼한 과자도 듬뿍 사줄 거다

집으로 돌아갈 때는
손주와 하나 둘씩 꺼내 먹으며
나의 어린 시절 얘기도 들려줄 거다

먼 훗날 손주가 어른이 되면

나와 산길을 걸으며 빵 먹던 일을 떠올릴까

손주도 그때는
자기 아이와 빵을 먹으면서 산길을 걸으며
'할아버지와의 추억'을 얘기할까
손주더러 미리 그러라고 말을 해도 될까

부암동 빵집.
사라지지 않고 오래도록 그 자리에서
같은 종류의 빵과 과자를 만들면 좋겠고
빵을 담는 투박한 봉투도 그대로면 좋겠다

두 자매들도 나란히 고운 할머니가 되어
부암동 빵집을 오래오래 지켜주면 좋겠다.

쓸쓸함

흐르는 감빛 노을
구르는 귤빛 낙엽

나무에
바위에
내 몸 안에도...

늦가을이 뿌려대는 쓸쓸함이
온 데를 적시네.

인간과 산

인간들이 종종 맹랑한 짓을 하여
모습이 바뀌기도 하고
몰골이 흉하고 처참해질 때도 있지만
인간에게 나쁜 마음을 웅크린 산은 없으리라

인간에게 어떤 낭패를 당하더라도
내색 않고 묵묵히 버텨내면서
여전히 인간에게 무수한 것들을 내어준다

어쩔 수 없는 쓸쓸함이 자신을 덮고
공허가 골짜기마다 가득 찰 때도 있겠지만
그때그때의 깊은 호흡으로
산은 여전히 인간에게 의연함을 보여준다

골이 깊고 험준한 큰 산 뿐만 아니라
인간의 편의대로 이곳저곳에 손을 댄
도회지 주변의 작은 산이라도

산은 진솔한 산의 향기가 있고
산이 본래 지닌 산다움이 있다.

산딸나무

마당이 있는 집에서
나무 커가는 거 바라보면서
나무와 함께 오래도록 살고 싶어

아마 산딸나무는 꼭 심게 될 거야
층층나무처럼 한 층 한 층
층을 이루며 커갈 테니
얼마나 신기하고 재미있겠어

십자 모양의 하얀 꽃을 바라보고 있으면
마음이 한없이 맑아져서
다시는 흐려지지 않을 거야

나비와 벌, 그리고 새들도
매일매일 날아와서 함께 어울리겠지

가을이 되어 빨갛게 열매가 열리면
한 개라도 새들에게 양보할 거야

함박눈이 나무를 덮는 날이면
가지가 다치지 않도록
얼른 눈을 털어줄 거야.

고양이

산책을 하다가 가끔씩 보게 되는 검은 고양이
쉼터에 다다르기 전에 마주치곤 한다
수차례 마주쳤지만 늘 경계하듯이
바위 옆에서 나를 빤히 쳐다본다

온몸이 까만 고독한 고양이
처음 보았을 땐 무서워서 움찔했었다

한동안 안 보여서 잊었었는데
어느 날 누런 고양이와 함께 나타났다
친구가 생겨서 그런지
눈빛이 부드러워지고 안정을 찾은 듯하다
몸도 성해 보이고
매일 찾아오는 무서운 밤도
둘이 함께 잘 보내는 것 같다

반가워서 내가 부르니
흘깃 한 번 쳐다본다

중력의 법칙도 무시하고
마음만 먹으면 언제라도
공중으로 솟구칠 수 있는 그들이 부러워서

한번 보여줘, 지금 한번 솟아올라봐, 외치니
빤하게 쳐다보고는 슬그머니 자리를 피해버린다.

긴 세월

애써 떠올리지 않아도
당신은 여전히 제 곁에 살아 있습니다

헤아릴 수 없어서 그랬던 건 아니지만
마음으로는
그냥 오랜 세월이었다고만 생각하고 싶었습니다

당신이 저를 떠난 일
그리고
세상이 당신을 떠난 일을
시간이라는 구체적인 계량으로 기억하고 싶질 않았지요

저도 청년인 양 살아가다가
어느새
죽음과 삶이란 것이
딱 구분되어 실감으로 여겨지질 않는
노년이 되고 말았습니다
…

하늘이 흐려져 옵니다
흐린 날이 당신을 추억하기엔
맑은 날보다 좋을 것 같습니다

애써 떠올리지 않아도
늘 제 곁에 있지만
오늘은 한참이라도 일부러
짧았지만 함께했던 시간들을 펼쳐 보렵니다.

납덩이

누구라도 사는 동안
가까운 이와의 이별을 피할 수 없고
때론 견뎌내기 힘든 고초도 겪게 됩니다
어쩔 수 없는 일이겠지요

해녀가 허리에 무거운 납덩이를 둘러야
물속에서 살 수 있듯이
우리도 자신의 몸에 묵직한 무언가를 둘러야
세상 속에서 살 수 있나 봅니다.

4부

가을 하늘

가을 하늘은
자기를 보라는 말은 않지만
원체 푸르고 맑으니
자꾸 올려다보게 된다

가을 하늘을 보면
이런저런 생각들을 내몬 후
다시 이런저런 생각을 하게 된다.

인류에게

과학이나 문명이 더 이상 발전하면
안 될 지경까지 온 것 같습니다
너무 요란합니다
덩달아 인간성은 자꾸 황폐해져만 갑니다
이젠 멈춰야 될 것 같습니다

백 년쯤 뒤로 가서 정지되면
얼추 맞을 것 같습니다

누구나가 그저 앞을 향해 달려갑니다
어디로 언제까지 달려가실 건가요
쉬엄쉬엄 이란 말을 잊으셨나요
거미도 실을 뽑아내다가
돌아보며 쉬는 시간을 갖지요

모두들 우르르
어딘가로 몰려다니길 좋아하는 것 같습니다
홀로 시간을 보내는 일은

마음에 내키지 않으시나요?

가끔씩 혼자만의 시간을 가져보세요
올빼미에게서 고독을 배워보세요.

오후의 정경

주변에서 그저 아무 때나 볼 수 있는
화단의 가지런한 초목들
먹이 찾아 이리저리 다니는 새들
놀이터의 아이들과
지켜보는 그 아이들의 엄마들

흔한 오후의 예사로운 정경이지만
지금은 소중하게 내 앞으로 다가온다
언젠가는 볼 수 없게 될 장면들이 아닌가

먼 후일에 맞닥뜨릴 일로만 여기고
덥석 그런 생각들에 점령당하고 싶질 않아서
그때그때 먼발치로 뚝뚝 떨어뜨려 놓았다
설마하면서 그냥 눙치고 살아가고 있는 것이다

오후의 묵직한 햇살이 마당에 내려앉는다
어느새 한쪽으로는 널찍한 그늘이 만들어졌다

남의 삶을 들여다보듯
내 삶을 바라본다
세월에 끼어서 버둥대는 내가 보인다
생선장수의 비린 외침도 들려온다
가슴이 뻐근해진다
어서 어둠에 내 마음을 잡히고 싶어진다.

잠자리

아버지는 손잡이가 달린
커다란 케이크를 들고
아이는 잠자리채를 어깨에 걸고
부자父子가 손을 잡고 나란히 걸어간다
케이크와 잠자리채는
아이의 생일 선물인 것 같다

아이는 신이 나서 들썩대며 걷다가
파란 망이 달린 잠자리채를
허공에 한 번 휙 돌려 본다

잠자리채를 보게 되니
어린 시절, 따가운 햇살 아래
댑싸리 몇 개 묶어들고
잠자리 따라다니던 때가 떠오른다

뛰어다니며 몇 마리 잡아
손가락 사이에 끼워서 한참을 놀다가

가여운 생각이 들면 얼른 날려주곤 했다

물가에 꼬리 세우고 앉아 있는 말잠자리와
어쩌다 보게 되는 왕잠자리는
눈치가 워낙 빨라서 번번이 놓치고 말았다

댑싸리 움켜잡고 풀밭에서 뛰놀던 시절.
잠자리들과 함께 멀리 사라져버린
그 시절이 사무치게 그립다.

숲속 그림자

볕이 따사로운 들판이 나를 불러
바람처럼 들판에서 한참을 뒹굴다가

가슴을 휘젓는 변덕이 생겨
배춧속처럼 하얗게 부서지는 햇살을 뒤로하고
음산한 숲의 그림자를 찾아 나선다

환한 밝음보다 서늘한 그림자가
마음에 다가올 때가 있다

숲속 그림자는
품위를 잃지 않고 말하는 사람처럼
늘 냉랭한 듯 차분한 분위기다

짙은 음영에 색채는 없지만
아무런 얼룩도 없다
숲이 지니고 있는 웅려한 긍지만 있다

덤불을 헤치니 물이 흐른다
가늘게 흐르는 물이지만 내게 기쁨을 준다
꽃다발을 받은 여인처럼 잠시 환희에 젖는다.

매발톱꽃

그늘의 아늑함이 따로 있는 걸까
대부분의 꽃들은 해를 향해
까짓것 속살마저 내보이며
양팔 벌리고 서있는데

나른한 연보랏빛 고운 빛깔로
나무 밑 응달에 수줍은 듯 피어있다
몇 날을 그렇게 피어 있을까
꽃이 피기 전 예사롭게 보았던 너에게
미안한 마음이 든다.

실토實吐

새삼스럽지만
새삼스럽지 않은 '실토'가 제게 있습니다

선배님과 함께한 세월이
어느덧 사십 년에 가까워옵니다
저에겐 선배님이 산山입니다
어느 동네에서나 보게 되는 정겨운 산이기도 하고
멀리 하늘아래 우뚝한 큰 산이기도 합니다
선배님이 산으로서
저를 품어주고 있다는 생각을 늘 하고 있습니다

종착지점을 알 수 없는 길을 두 사내는 걸어갑니다
지금껏처럼 언제까지나 함께 행진行進하게 될 것입니다.

해감

눅눅한 영혼에 금이 생기고
온몸으로 공허의 비릿함이 스민다
그럭저럭한 평상심마저 허물어지고
간유리처럼 뿌연 체념의 그림자가
주저 없이 나를 덮는다

나는 다시 지난날의 한때처럼
흑암의 골짜기로 들어갈 것인가
가라앉은 아틀란티스 대륙처럼
늪의 바닥으로 푹 꺼질 것인가

땡볕 내리쬐는 벌판에 누워
습하고 부루퉁한 몸뚱어리를
파득파득 건조시키든지
퍼붓는 큰비 다 맞아가며
모시조개 해감 하듯
내 몸에 달라붙은
우울이나 허무의 찌꺼기들을

모조리 씻어내 버리고 싶다

푸르스름한 여름밤 하늘을
한참이나 올려다본다

납작하게 엎드렸던
진한 감정들이 깨어나 웅얼거린다.

황홀한 숲

숲에 들어서는 초입부터
달착지근한 산소 냄새가 코끝을 스친다

숲은 여름의 절정을 향해가고 있다
초록 풀들이 무성하게 자랐고
넝쿨들은 익숙하게
주변 나무를 휘감아 오르고 있다
산과 산들도 마주보며 푸름을 더해가고 있다

씻은 듯 깨끗한 하늘을 향해
마음껏 뻗어가는 나무들

씩씩하고 싱싱한 나무들을 보면
보는 순간 그 자리에서
존재의 기쁨과 현존의 황홀감에 젖어들게 된다

줏대 있게 쭉쭉 커가는 나무들이
고맙다는 생각이 든다

젖은 봄날 산뽕나무 순이 자라듯
단박에 내게 행복이 자라난다

하늘은 숲과 더불어
숲은 하늘과 더불어
아름다운 경관을 만들어내고 있다.

안개

안개가 내게로 다가오다가
달콤했지만 흩어지고 마는 꿈이 그렇듯
눈앞에서 사라져버린다

언젠가 발아래 흐르던 구름처럼
손으로 만져지거나 얼굴에 닿질 않아서
접촉의 차가운 느낌이 들지 않는다

뭉실거리는 안갯속에서는
누구나 슬퍼지는 걸까

잠깐의 시간이었는데
내 몸 안에서 저절로 슬픔이 피어오른다
여기저기 슬픔들이 자꾸 번진다
가슴 안으로 들어온 슬픔들은
웅웅하며 소리를 낸다

언젠가 발아래 흐르는 구름을 보던 눈으로

사라지는 안개를 바라본다
여전히 슬픔들이 밀려온다

나도 안개가 된다.

인생1

하루하루가 심판일 같은 날들 속에서
어떻게 살아가야 온당한 삶이 되는 건지
살아갈수록 알아지질 않는다

세상 귀퉁이에 겨우 걸쳐서
언제라도 툭 떨어질 것처럼 살아가는 사람

뭇 사람들에게
무량한 감개를 일으키며 사는 사람

세상을 읽어내는 남다른 재주로
어지간한 영예는 거의 다 누리며 사는 사람

사는 대로 그저 살아본다는 것이 삶일진대
늘 흩어진 눈동자로 버거운 듯 사는 사람

흠이나 얼룩이 없는 매끈한 인생이 있을까
기슭의 응달마저 눈이 부시도록 휘황한 인생이 있을까

누구나가 유별한 삶을 일구어가다가
어느 날 문득, 떠난다는 실감 없이,
홀연히 그냥 떠나가게 되는 것이 인생이 아닐까

과연 나는 촘촘한 지상의 대열 속에서
얼마나 더 사람 행세를 하며 살아가게 될 것인가

어디선가 세월이 풍화 되어가는 소리가 들려온다
약간은 거친 바르톡의 선율처럼 들려온다.

인생2

어느 누구의 인생이나
말끔하든 투박하든
번쩍대든 초라하든
인생이란 것은, 그 실체가
그냥 자기의 뜻대로 흘러가고 있으리라

그러고 있는 것을, 그러겠다는 것을
우리는 걸핏하면
인생을 내키는 대로 불러다 놓고
미주알고주알 캐 묻거나
공허의 탄식을 늘어놓는다

그렇지만,
전혀 아랑곳 하지 않고
시큰둥하니
그저 자기 갈 길을 간다
인생이란 위인은...

인생3

한 사내가 산에서
초여름처럼 싱그러운 여인을 만났다

여인의 상냥한 눈길을 받으며
넘치는 환희 속에
꿈같은 나날을 보내게 되었다

이들은 푸른 바위에 나란히 누워
얼굴에 닿아지는 산 구름을 느끼며
수시로 평생을 함께하기로 다짐했다

가까이 산물이 흐르는 호젓한 곳에
산집을 짓고 산열매 따먹으며
산새들 축복 속에 행복하게 살았다

산중 생활의 행복한 시간은
급물살이 되어 얼마나 빠르게 흘러갔는지
이들은 어느새 초췌한 노인이 되었다

무거운 구름이 낮게 깔린 어느 날
푸른 바위에 걸치고 앉아 있던 노인이
있는 힘을 다하여 큰 소리로 외쳤다

-문이 열린다, 찬란한 빛이 보여!

겨울 햇살

늘 내방 창턱에 머물다 가는
겨울 햇살과 나는 아주 친한 벗

창 아래로 미끄러지듯 내려가는 겨울 햇살에게
내 쪽으로 다시 올라오라고 소리쳐본다

분주한 겨울 햇살이지만
잠깐이라도 얼굴을 보이고 갈 줄 알았는데

무슨 난처한 일이 생긴 건지
자주 만나게 되는 내게 싫증이 났는지

한 번의 눈길도 주지 않고
처음보다 더 아래로 내려간다.

■ 작품해설

동일성을 향한 감각의 구원

송기한
(문학평론가 · 대전대 교수)

1. 존재에 대한 근원적 물음들

 박영욱 시인의 등단은 최근에 이루어졌다. 시인의 연륜에 비추어 보면, 문인으로서의 그의 경력은 매우 일천한 것이라 할 수 있다. 하지만 짧은 등단에도 불구하고 그는 여러 권의 시집을 내었고, 지금 또 『부암동빵집』이라는 제목으로 새로운 시집의 상재를 눈앞에 두고 있다. 그런 만큼 시에 대한 시인의 열정이랄까 사랑은 다른 어느 시인과 비교해도 전혀 뒤떨어지지 않는다.

 박영욱 시인이 처음 관심을 가졌던 시의 소재들은 대부분 자연과 관련이 있는 것들이었다. 자연이 주는 건강함이랄까 섭리와 같은 형이상학적 주제들에 매료되어 그는 자신의 서정의 끈들을 이 지대에 깊숙이 뿌리 내리고 있었다. 하지만 시의 연륜이 쌓여가면서 시인은 그러한 지대로부터 벗어나 새로운 서정의 샘을 만들어나가기 시작했다. 그 하나가 일상이다.

> 집으로 돌아갈 때는
> 손주와 하나 둘씩 꺼내 먹으며
> 나의 어린 시절 얘기도 들려줄 거다
>
> 먼 훗날 손주가 어른이 되면
> 나와 산길을 걸으며 빵 먹던 일을 떠올릴까
>
> 손주도 그때는
> 자기 아이와 빵을 먹으면서 산길을 걸으며
> '할아버지와의 추억'을 얘기할까
> 손주더러 미리 그러라고 말을 해도 될까
>
> 부암동 빵집.
> 사라지지 않고 오래도록 그 자리에서
> 같은 종류의 빵과 과자를 만들면 좋겠고
> 빵을 담는 투박한 봉투도 그대로면 좋겠다
>
> 두 자매들도 나란히 고운 할머니가 되어
> 부암동 빵집을 오래오래 지켜주면 좋겠다.
>
> 「부암동 빵집」 부분

시집의 제목이기도 한 이 시의 소재는 지금 여기의 세계, 곧 일상성이다. 저멀리 자연에서 내려와 시인은 이제 자기 주변의 일상으로부터 시를 만들어가려고 한다. 이런 면이야말로 이번 시집이 예전의 시집과 특별히 구분되는 지점이라 할 수 있을 것이다.

  새로운 서정의 샘이 만들어진다는 것은 시정신의 발전이면서 인식의 확장일 것이다. 그러한 단면들은 이번 시집에서 예외가 아닌데, 이번 시집에서 시인이 무엇보다 관심을 두고 있었던 것은 일차적으로 존재에 관한 물음들이다. 말하자면 시인은 저멀리 있었지만 늘 자신의 곁에 두었던 자연과 거기서 얻어지는 음역들을 이제는 자아 내부의 문제들에 대한 것으로 끌어들이고 있었던 것이다.

  하지만 대상과 자아 사이에 놓인 거리가 좁혀졌다고 해서 시에 구현된 인식의 폭이 얇아지거나 좁아졌다는 뜻은 아니다. 오히려 존재에 대한 형이상학적 물음들이 웅숭깊은 서정의 샘에서 길어올려짐으로써 시인의 시들이 구현해내는 인식의 폭과 넓이는 깊고 넓어졌다고 할 수 있다. 이를 가장 잘 보여주는 시가 「납덩이」이다.

> 누구라도 사는 동안
> 가까운 이와의 이별을 피할 수 없고
> 때론 견뎌내기 힘든 고초도 겪게 됩니다
> 어쩔 수 없는 일이겠지요

해녀가 허리에 무거운 납덩이를 둘러야
물속에서 살 수 있듯이
우리도 자신의 몸에 묵직한 무언가를 둘러야
세상 속에서 살 수 있나 봅니다.

「납덩이」 전문

이 작품에서 시인이 던지는 질문은 인간의 실존에 관한 것이다. 이를 상징하는 것이 '납덩이'인데, 여기에는 다양한 내포들이 포진되어 있다. 그것은 기독교적인 것일 수도 있고, 불교적인 것일 수도 있으며, 프로이트적, 혹은 하이데거적인 것일 수도 있다. 원죄와, 업, 혹은 오이디푸스 콤플렉스, 기투된 존재와 같은, 인간을 규정하는 다양한 정의들이 이 '납덩이'의 상징 속에 담겨 있기 때문이다.

이런 사유들이 지칭하는 것은 인간이란 그 기원부터 불완전한 존재라는 것이고, 그렇기에 인간은 이를 극복하거나 초월하기 위해 가열찬 노력을 기울인다는 것이다. 인간은 신이 아니기에 불완전하고, 또 결핍이 상존한다는 것인데, 그러한 특징적 단면들이 "가까운 이와의 이별"이고, "때론 견디기 힘든 고초"도 겪게 된다는 의미일 것이다.

인간이 갖고 있는 한계란 종교를 비롯한 다양한 사유의 지대에서 지칭되는 것이지만, 시인에게 이 '납덩이'는 무엇보다 하이데거적인 실존 사상에 가까운 것처럼 보인다. 인간이란 세상에 내던져진 것, 곧 피투된 존재로 보기 때문이다.

아궁이속의 타는 가시나무 소리처럼
공허한 울림이 인생이라 했던가

아무리 생각해봐도
그저 헛된 날들의 총체가 인생인 것 같다
온통 공허로 가득한 것이 누구나의 일생일 것이다

우리는 어느 날 세상에 던져지고
언제인가부터는
엄청난 공허함을 어쩔 수 없이 받아들이며
겉으로는 안 그런 양 살아가게 된다

문득 문득 공허의 범벅 속에 파묻히지만
가끔은 공허가 안개 걷히듯 사라져주기도 한다

등에 혹을 얹고 사막 길 가다가
쓰러지는 낙타가 있듯이
공허를 몸에 달고 버거운 듯 인생길 걷다가
어느 순간 스스로 떠나버리는 인생도 있다
내세가 있다면 그이는 그곳에서
어쩌면 편안한 심경으로 살아갈지도 모른다

「허무한 놀음」 부분

이 시를 지배하고 있는 기본 정서는 공허라든가 허무주

의에 있다. 그런데 허무주의가 삶에 대한 적극적인 의지가 사라질 때 흔히 생성되는 정신임을 감안하면, 서정적 자아는 지금 나아갈 방향 등에 대한 목적을 상실한 듯 보인다. 전진하는 사고나 미래에 대한 기획이 사라질 때, 허무주의가 수면 위로 부상하기 때문이다.

그러한 허무주의를 만들어낸 것이 "우리는 어느 날 세상에 던져지고/ 언제인가부터는/ 엄청난 공허함을 어쩔 수 없이 받아들이며/겉으로는 안 그런 양 살아가게 된다"는 인식이다. 그러니까 인간은 자신의 의지나 뚜렷한 목적없이 그냥 '세상에 내던져진 존재'일 뿐이라고 보는 것이 아닌가. 이런 현존이야말로 실존주의의 근간을 이루게 되는데, 잘 알려진 대로 실존주의란 인간이란 무엇인가를 묻는 본질론과는 거리를 두고 있는 사상이다. 시인이 이번 시집에서 다양한 지점에 근거를 두고 서정의 그물망을 만들어내고 있지만, 인간이란 무엇인가와 같은 본질 문제에 대해 거리를 두고 있는 것은 이 때문이라 할 수 있다. 만약 서정적 자아가 실존보다 본질을 우선시 한다면, "과연 나는 앞으로/ 무슨 실존을 그리며 살아가야 하는가"(「혼돈」)와 같은 질문은 던지지 않았을 것이고, 또한 인생에 대한 회의, 곧 "인생이란 무의미가 넘실대는 검은 파도"(「묵호 밤바다」)라는 사유 역시 표명하지 않았을 것이다.

2. 이타적 사랑의 정서

실존에 대한 불안감이나 확신할 수 없는 현존에 시달리

는 자아가 삶을 반추하고 거기서 인생의 의미를 읽어내는 것은 당연한 수순일 것이다. 그리고 그러한 내성이 자신을 둘러싼 여러 환경에 대해 고민의 실타래를 풀어내게끔 했을 것이다. 말하자면 보다 나은 실존이 무엇이고, 그러기 위해서는 어떤 윤리적 자세를 가져야할 것인가 하는 의문으로 나아가게 되는 것이다.

서정적 자아에게 이 윤리적 물음은 두 가지 길로 향한다. 하나는 완벽한 실존에 대한 내성의 길이고, 다른 하나는 타자로 향한 사랑의 길이다. 자아를 완결하고 동일성을 회복하기 위한 내성의 문제는 결코 간단치 않은 문제이기에 존재의 불안에 시달리는 대부분의 시인들이 여기서 서정의 의미를 일궈내는 열정을 보이게 된다. 그런데 박영욱 시인은 이 내성의 문제에 대해 특별한 인식적 표현을 하지 않는다는 점에서 예외적인 경우이다. 서정시가 일인칭 고백의 장르이고, 그러한 까닭에 서정시란 내성과 불가분하게 결합될 수밖에 없는 운명을 갖고 있기에 시인의 시에서 이는 매우 독특한 사례라 할 수 있을 것이다.

물론 실존의 불완전성과 깊은 관련을 맺고 있는 욕망에 대한 안티담론을 표명한 작품이 전혀 없는 것은 아니다. "음악은 무거운 마음을 해방시킬 수 있는 기제"(「지금 내 곁에는 드뷔시가 있다」)라고 하거나 "인간들과의 엮임을 털어내고/ 따로 마련된 세상에서 살고 싶다"(「달빛」)는 사유야말로 욕망과 불가분의 관계에 놓여 있는 것이기 때문이다. 세속의 불온한 삶이란 인간의 욕망을 떠나서는 성립하기 어려운 것이라는 점에서 시인의 이러한 사유의 표백은 일견 타당한 것이라 할 수 있다.

  그럼에도 시인의 작품에서 내성에 대한 세밀한 묘사나 탐색의 담론들은 쉽게 발견되지 않는다. 오히려 현존이나 실존의 부조리한 정서들이 타자에 대한 사랑의 정서와 밀접하게 결부되어 나타나는 특이한 국면을 보여준다. 실상 이타성에 대한 자각, 곧 타자에 대한 사랑이 내성의 한 자락임을 감안하게 되면, 시인의 궁극적 의도가 무엇인지 이해하게 된다.

> 초가을 볕이 따갑다
> 파란 하늘을 향해 서있는
> 해바라기 꽃들이 보기에 좋다
>
> '기쁨'이 번져 나올 줄 알고
> 가까이 다가갔는데
>
> 해바라기 꽃에서 이슬처럼 고인
> 눈물과 슬픔이 보인다
> 비애와 허무가 비친다
>
> 이것들을 퍼내려고
> 말을 걸어보고
> 노래도 흥얼거리면서

　　　　한참을 서있었다.
　　　　　　　　　　　　　　　「해바라기」 전문

　이 작품의 배경은 가을이다. 시인은 지금 "파란 하늘을 향해 서있는/ 해바라기 꽃들이 보기에 좋다"라고 하며, 자연이 주는 혜택에 대해 만족감을 표명하고 있다. 서정적 자아는 그러한 감수성을 '기쁨'이라고 표현하고 있다. 하지만 그러한 감탄의 정서는 3연에 이르면 전연 다른 국면으로 흘러가게 된다. 자아는 '해바라기 꽃'에서 "이슬처럼 고인/ 눈물과 슬픔"을 보기도 하고, "비애와 허무가 비치고" 있음도 아는 까닭이다.
　'해바라기'란 통상 밝음이라든가 건강한 물상으로 상징되는 것이기에 서정적 자아가 이렇게 비극적인 것, 슬픈 것으로 인식한다는 것은 예외적인 일이 아닐 수 없다. 어쩌면 해바라기 역시 시인 자신처럼, 세상에 던져진 존재라고 동일시하는 것이 아닐까. 실제로 마지막 연에 이르게 되면, 이런 사유가 전혀 근거가 없는 것이 아님을 알게 된다. 자아는 "눈물과 슬픔, 비애와 허무"에 젖은 해바라기에서 "이것들을 퍼내려고/ 말을 걸어보고/ 노래도 흥얼거리면서/한참을 서있는" 행위를 반복하기 때문이다. 말하자면 해바라기에서 존재의 불안감을, 실존의 불완전성을 읽고 있는 것인데, 이런 단면이야말로 서정적 자아 자신일 수 있다는 점에서 주목을 요하는 대목이다.

그를 보면 함부로 슬퍼진다
표정을 잃은 모습이 안쓰럽게 보인다
어색하게 지레 미소를 내보이는 얼굴은
눈물을 보이는 얼굴보다
더욱 측은해 보인다

그를 보면 가슴이 꼭하게 막혀온다
섣부르게 덥석 손을 붙잡아주고도 싶어진다

필요한 경우에만 던지는 정중한 말도
들을 당장엔 안 그렇지만
이내 뻐근한 여운으로 남는다

뿌연 세월을 밟고 가는 그이의 걸음걸음은
남모르게 쌓여진 인고(忍苦)의 내디딤이라.

「맹인」 전문

  타자로 향하는 애정어린 관심은 「맹인」에서도 확인된다. 시인은 맹인을 보면 "함부로 슬퍼진다"고 했는데, 여기서 가장 주목해서 보야할 대목이 바로 '함부로'라는 담론일 것이다. 이 '함부로'에는 이성이 개입될 여지가 전혀 없는데, 만약 틈입되어 있다면, '함부로'라는 말은 어울리지 않는 언어이다. 이 담론은 무매개적이고, 거의 본능에 가까운 말이다. 그만큼 사회에서 소외된 자, 나약한 자, 혹은 슬픔에 젖은 자들에게 사랑의 정서가 즉자적임을 알 수가 있는 것이다.

　존재론적 한계를 갖고 있는 자가 이를 초월하기 위해 내성에 관심을 두는 것은 당연한 일이다. 도덕이나 윤리 등이 서정적 자아의 내면 속에 깊이 침투하여 오염된 자아를 정화하는 행위가 필요해지는 것은 이 순간부터이다. 하지만 윤리나 도덕으로 무장하여 존재의 한계를 극복하는 일이 내성에 윤리 의식을 부여하는 경우에만 그 타당성이나 정합성을 부여받는 것은 아니다. 타인에 대한 사랑도 이 내성과 분리하기 어려운데, 윤리적으로 완결된 자만이 타인에 대한 순수한 사랑을 부여할 수 있기 때문이다. 박영욱 시인은 피투된 존재의 한계를 극복하기 위해 내성의 문제에 대해 천착하고 있긴 했지만, 그러한 윤리 윤식을 자아 내부의 문제로만 한정시키지 않았다. 오히려 시인은 자아 외부의 세계에 깊은 관심을 보임으로써 실존의 한계를 연계시키고자 했는데, 그 외화된 담론이 바로 사랑이었던 것이다. 그러니까 시인에게 사랑은 현존이 주는 불구성을 치유하기 위한 최소한의 윤리적 장치였다고 할 수 있다.

　3. 감각의 현혹이 이끄는 두 가지 동일성
　박영욱 시인이 펼쳐보이는 이번 시집의 특성은 무엇보다 감각에서 찾아야 할 것으로 보인다. 감각이란 범박하게 말하면 감촉이고, 이미지상으로 보면 서정시의 가장 기본적인 영역인 일차적인 이미지에 해당된다. 하지만 그것이 일차적인 이미지라고 해서 서정시의 방법적 의장을 구현하는

데 있어 가장 저급한 수준의 것이라고 말하기는 어렵다. 감각이야말로 죽어있는 육체나 무딘 정서를 일깨우는 데 있어 가장 수준 높은 차원의 매개이기 때문이다.

  감각은 대상과 자아 사이에 놓인 거리를 좁히는 가장 유효한 수단이다. 뿐만 아니라 죽어있는 육체라든가 무뎌진 정신을 깨어나게 하는데 있어 효과적인 수단이 되기도 한다. 일찍이 우리 시사에서 이러한 감각을 활용하여 암울한 시대정신을 일깨운 시인이 소월이다. 그는 일제 강점기 조선의 현실을 죽어있는 무덤으로 비유하면서 이 상태를 일깨우기 위해 감각을 적절히 사용한 바 있다. 가령,「여자의 냄새」가 그러한데, 냄새를 맡을 수 있다는 것이야말로 살아있음을 증거하는 일인데, 소월은 감각을 느낄 수 있는 육신, 곧 생동하는 육신을 통해서 죽어있는 상태를 되살려내고자 했다. 무언가 살아있는 상태가 되어야 비로소 일제 강점기로 상징되는 무덤이라든가 겨울과 같은 죽음의 상태에서 벗어날 수 있다고 믿었기 때문이다.

  박영욱 시인이 이번 시집에서 가장 전략적으로 구사하고 있는 의장도 이 감각이다. 그는 감각을 통해서 자신의 정체성을 확인하고, 대상과의 동일성을 이루어내고자 한다. 이를 대표하는 시가「감각의 현혹」이다.

    내가 좋아하는 대상이
    역시 나를 좋아한다는 느낌을 받게 될 때처럼
    행복한 순간이 있을까

분명 내 둔한 감각의 현혹일 것이다

자주 다니는 산길 위로
해가 돋는 동쪽을 바라보며 앉아있는 바위가 있다
오랜 세월을 의연한 침묵으로 그래 왔을 것이다
마치 웅크린 바둑이 형상 같아서
나는 바둑이 바위라 부른다

산에 갈 때 마다 자주 보게 되어
우리 둘 만의 소중한 친밀감이 쌓여갔다
나는 그렇게 생각했으며
가끔은 한 자리에 붙박혀 있는 바위가
측은하게 여겨지기도 했다

오늘은 바둑이 바위 쪽에서
소리를 내며 바람이 세차게 분다
부는 바람 탓에 갈라지는 구름 아래서
바둑이 바위가 나에게
자기 곁으로 오라고 부르는 것 같다
그런 생각이든 것은 처음이다
짧은 순간이었지만, 나는 아이처럼 기뻤다

얼마 후 바람도 잦아들고
새들도 자신들의 자리를 찾아가면서
본래의 산의 질서가 회복되는 것 같았다

바둑이 바위도
새로 단청을 입힌 산사(山寺)처럼
말쑥하니 전보다 훨씬 보기에 좋았다
자태에서 의젓한 품격마저 느껴졌다

서로 한참을 바라보며 흐뭇해하다가
우리는
안 하던 작별 인사까지 나누며 헤어졌다.

「감각의 현혹」 전문

시인은 "내가 좋아하는 대상이/ 역시 나를 좋아한다는 느낌을 받게 될 때처럼/ 행복한 순간이 있을까"라고 상상한다. 좋아한다는 것은 무형의 것이지만 이를 느끼는 것은 감각을 매개로 한 정신의 영역일 것이다. 이를 굳이 일차적인 이미지로 치환한다면 촉각적인 이미지라 할 수 있을 것이다. 그 유추의 근거란 바로 느낌과 깊은 관련이 있기 때문이다.

서정적 자아가 행복을 느끼는 순간은 대상과 내가 동일한, 수평적 차원에 있을 때이다. 내가 좋아할 때 상대방도 좋아하는, 바로 그 순간인데, 이런 동일성이 만들어내는 지대를 '감각이 현혹'되는 순간이라고 보는 것이다. 이 작품에서 이런 현혹의 순간은 서로간의 좋아함에서 시작되어 여러 층위로 확산되어 그 깊이를 만들어간다. 가령, 산길에 만나는 바위와 소통하는 감각, 바둑이와의 교감하는 감각

등이 그러하다. 교감과 소통을 통해 대상과 자아는 완벽한 동일체로 전위된다.

 그리고 자아는 감각의 동일성에 의한 서정적 황홀의 순간에 "본래 산의 질서가 회복되는 것" 같았다고 이해하기도 한다. 산의 질서가 회복되었다는 것은 그것이 갖고 있었던 본래적 기능으로 되돌아 왔다는 뜻이 되는데, 이런 순간이 가능할 수 있었던 것이 감각의 현혹 때문이라고 이해한다. 이런 맥락에서 보면, 감각의 현혹이란 서정적 황홀이며, 이 황홀한 순간이야말로 '대상'과 '자아', '나'와 '너'가 서로 구분되지 않는 '우리', 곧 단일한 공동체가 완성된다고 보는 것이다.

 이번 시집의 전략적 특색이 감각이라고 했거니와 시인은 자신이 의도하는 서정의 목적을 달성하기 위해 촉각적 이미지뿐만 아니라 여러 감각적 이미저리들을 동원하게 된다. 말하자면 불구화된 존재라고 느꼈던 것들, '납덩이'와 같은 것들에 갇혀 있는 현존들에 대해 감각을 뛰어넘고자 시도하게 된다. 이 방향은 이번 시집에서 대략 두 가지로 구성되는데, 그 하나가 유년 세계에 대한 그리움이다.

   햇살과 바람이 맑다
   가을 산 여기저기 꽃향유들이 한창이다

   앞에서 보든 뒤쪽에서 보든
   짙은 자줏빛이 더없이 화려하고

뿜어내는 향기는
풀섶 주변 굵은 산벌들도 유혹한다

몽환적인 깊고 진한 자주빛깔은
보는 순간
기쁨과 슬픔이 한꺼번에 어린다

감정의 작은 혼돈이 잦아들고 나서
다시 한참을 들여다보면

얼룩져서 마땅찮던 세상은 사라지고
언제라도 애틋하고 그리운
어린 시절의 여러 날들이 떠오른다

꽃향유는
그냥 모여 있는 산꽃이고
그냥 쉽게 보게 되는 들꽃인데
볼 때마다 묘한 신비감이 느껴진다.

「꽃향유」 전문

  이 작품을 이끌어가는 동인은 감각이고, 구체적으로는 '향기'라는 후각적 이미지이다. 지금 서정적 자아는 봄에 피어나는 꽃으로부터 '감각의 현혹'을 느끼게 된다. 햇살과 바람이 맑은 날, 가을 산 여기저기 꽃향유들이 한창 피어있고, 이 향기들이 주변의 온갖 생명체들을 유혹한다. '산벌'

들을 유혹하는가 하면, 시인 자신도 유혹의 대상으로 전화된다. 향기에 마취되어 순간의 황홀 속으로 온갖 사물들이 빠져들고 있는 것이다.

자아를 황홀이라는 현재의식으로 잠기게 하는 이 매혹의 향기들은 자아에게 두 가지 큰 안식처를 제공한다. 하나는 "얼룩져서 마땅찮던 세상이 사라지는" 현상을 목도하게끔 하고, 다른 하나는 "언제라도 애틋하고 그리운 어린 시절의 여러 날들이 떠오르게" 환기하는 것이다. 얼룩져 마땅찮던 세상이란 어쩌면 이성의 만능에 의해 지배되는 세상을 지칭하는 것처럼 보이는데, 이성이 도구화됨으로써 근대가 펼쳐보인 아름다운 이상은 사라졌거니와 그 대안으로 떠오른 것이 본능의 영역, 곧 무의식의 영역이다. 시인이 "얼룩져서 마땅찮던 세상이 사라지는" 현상을 보게 되는 것은 그러한 이성에 대한 반담론 때문이다. 이성 너머의 세계가 무의식의 영역이거니와 이성의 폐해가 부정될 때마다 그 대안으로 떠오르는 것이 본능의 영역이다. 본능을 자극하고, 그것을 의미화할 수 있는 것은 감각의 작용뿐이다. 감각이 있기에 본능은 깨어나는 것이고, 그 본능이 이루어내는 순수한 세상만이 "마땅찮던 세상"을 무너뜨릴 수 있다고 보는 것이다.

그리고 이 향기는 서정적 자아로 하여금 유년의 지대로 이끌어들어가게끔 하는 매개 역할 또한 수행하게 된다. "어린 시절의 여러 날들이 떠오르는" 현상이 그러한데, 실상 이런 동일성을 가능케 한 것 역시 감각이다. 그 중에서도 후각적 이미지이다. '꽃향유' 뿜어내는 '향기'란 유년의 시절에서만 가질 수 있는 냄새 감각들이다. 그 감각들이 잠들어있던 유년의 무의식, 유년의 동일성을 일깨운다. 그리하여 냄새라는 동일체에 의해 자아는 지금의 현존을 버리고 순식간에 과거의 추억으로 회귀하게 되는 것이다.

  감각의 현혹들은 이렇게 시인 자신의 영역으로부터 시작하여 점점 그 음역을 넓혀 나가기 시작한다. 서정의 폭과 인식이 부채살처럼 뻗어나가는 것인데, 그 나간 자리를 공유하는 것 가운데 하나가 이른바 자연의 영역이다. 시인이 자연의 영역을 발견하는 것 역시 감각의 동일성을 통해서이다.

> 숲에 들어서는 초입부터
> 달착지근한 산소 냄새가 코끝을 스친다
>
> 숲은 여름의 절정을 향해가고 있다
> 초록 풀들이 무성하게 자랐고
> 넝쿨들은 익숙하게
> 주변 나무를 휘감아 오르고 있다
> 산과 산들도 마주보며 푸름을 더해가고 있다
>
> 씻은 듯 깨끗한 하늘을 향해
> 마음껏 뻗어가는 나무들

씩씩하고 싱싱한 나무들을 보면
보는 순간 그 자리에서
존재의 기쁨과 현존의 황홀감에 젖어들게 된다

줏대 있게 쭉쭉 커가는 나무들이
고맙다는 생각이 든다
젖은 봄날 산뽕나무 순이 자라듯
단박에 내게 행복이 자라난다

하늘은 숲과 더불어
숲은 하늘과 더불어
아름다운 경관을 만들어내고 있다.

「황홀한 숲」 전문

 이 작품을 이끌어가는 힘은 감각에 있다. 그 가운데 하나가 냄새 감각인데, 이런 단면은 "숲에 들어서는 초입부터/ 달착지근한 산소 냄새가 코끝을 스친다"에서 잘 드러나 있다. 코 끝에 스치는 냄새를 통해서 서정적 자아는 지금 펼쳐지고 있는 계절에 대해 이해하게 되고, 이와 공유하는 자신만의 정서를 적극적으로 드러내게 된다. 그런데 이러한 정서는 냄새뿐만 아니라 시각이라는 일차적 이미지가 동원되기도 하는데, "씩씩하고 싱싱한 나무들을 보면/ 보는 순간 그 자리에서"라고 하는 부분에서 확인된다. 시인은 '숲'에서 '황홀한' 순간에 빠져드는데 이를 위해서 후각과 시각적 이미지를 동원한다. 이런 맥락에서 이 작품은 동일성으로 나아가기 위한 감각의 축제를 벌인, 이번 시집의 대표작 가운데 하나라고 해도 무방한 경우이다.

감각의 축제 속에서 자아가 자신만의 존재성이랄까 고유성을 드러낼 아무런 근거를 찾지 못하게 되는데, 실상 감각의 기능적 역할을 주목하게 되면, 이는 당연한 귀결이라 할 수 있을 것이다. 존재나 현존이 자신의 고유성을 잃게 된다는 것은 대상과의 완전한 합일 속에서만 가능한 일인데, 시인은 그러한 황홀을 위해서 과감하게 감각의 축제 속에 참여하게 된다. 냄새와 시각을 통해서 이성이라든가 자아의 고유성을 과감하게 포기하는 것이다. 아니 포기하는 것이 아니라 자연스럽게 그곳에 미끄러져 들어가 자신만의 고유성을 잃게 되는 것이다. 그 결과 서정적 자아가 느끼는 것은 "존재의 기쁨과 현존의 황홀감에 젖어드는 일"뿐이다. 존재가 기쁨에 젖는다는 것은 오직 본능의 영역에서만 가능한 것이고, 현존이 황홀감에 젖어든다는 것 또한 그 연장선에 놓이는 것이다. 이런 황홀경이 가능할 수 있는 것은 감각이란 경험성과 그 경험이 주는 공통성이 있기에 가능한 것이다. 그러므로 이 정서에 어떤 이질성이 개입되는 것은 불가능한 일이다.

4. 순리가 작동하는 사회에 대한 그리움

박영욱 시인의 작품에서 감각이라는 전략적 의장은 다양하게 구사된다고 했거니와 또 동일한 감각이라고 해도 그

음역이 비슷한 형태로 유지되는 것은 아니다. 작품의 상황이나 담론의 맥락에 따라 감각의 의미들은 무지개와 같은 빛깔로 다양하게 확산되어 나타나기 때문이다. 그것이 이 시인만이 갖고 있는 감각의 다채로운 의미, 곧 그만의 고유한 영역이라고 할 수 있을 것이다.

    볕이 따사로운 들판이 나를 불러
    바람처럼 들판에서 한참을 뒹굴다가

    가슴을 휘젓는 변덕이 생겨
    배춧속처럼 하얗게 부서지는 햇살을 뒤로하고
    음산한 숲의 그림자를 찾아 나선다

    환한 밝음보다 서늘한 그림자가
    마음에 다가올 때가 있다

    숲속 그림자는
    품위를 잃지 않고 말하는 사람처럼
    늘 냉랭한 듯 차분한 분위기다

    짙은 음영에 색채는 없지만
    아무런 얼룩도 없다
    숲이 지니고 있는 웅려한 긍지만 있다

    덤불을 헤치니 물이 흐른다

가늘게 흐르는 물이지만 내게 기쁨을 준다
꽃다발을 받은 여인처럼 잠시 환희에 젖는다.
「숲속 그림자」 전문

이 작품을 지배하는 일차적인 감각은 온기이다. '따스함'과 '서늘함'의 감각이 그러하다. 여기서 전자는 삶에 있어서 긍정적인 부분, 선한 영역, 그리하여 권장되어야 할 부분이고, 후자는 부정적인 부분, 악한 영역, 그리하여 가급적 권장되지 않아야 할 부분이다. 그런데 이 작품에서는 따스함과 차가움이 그러한 이분법으로 정확하게 구분되는 것은 아니다. 이런 음역은 「삶」과 비교할 때, 그 차이가 비교적 명확하게 드러난다.

넘치는 기쁨과 소망을 안고
따스하게 보낸 날들

파고드는 외로움과 스며드는 슬픔 속에
차갑게 보낸 날들

그런 날들의
총화(總和)인 것 같다.
「삶」 전문

시인은 이 작품에서 삶이란 양면성을 갖고 있다고 했다. "넘치는 기쁨과 소망을 안고/ 따스하게 보낸 날들"이 있는

가 하면 "파고드는 외로움과 스며드는 슬픔 속에/ 차갑게 보낸 날들"도 있다고 보는 것인데, 여기서 '따스함'이란 삶을 영위해나가는 데 있어 긍정적인 부분을, '차가움'이란 그 반대의 부분을 말한다.

그런데 「숲속 그림자」에서의 감각은 「삶」과는 좀 다른 이미지로 의미화된다. 「삶」과는 감각이 정반대로 구현되는 까닭이다. 여기서 '음산함', 곧 '차가움'이란 짙은 음영이며 "냉랭한 듯 차분한 분위기"를 표상하는 감각이다. 서정적 자아는 "환한 밝음보다 서늘한 그림자가/ 마음에 다가올 때가 있다"라고 말한다. 이유는 다른 데 있는 게 아니라 그림자가 있는 곳에는 "가늘게 흐르는 물"이 있는데, 그 물은 내게 기쁨을 주기 때문이라고 한다.

시인에게 감각은 이렇듯 다양하게 변주된다. 비슷한 감각이라고 해도 시인의 정서에 따라 혹은 맥락에 따라 다르게 의미화되는 까닭이다. 하지만 그것이 어떤 포오즈를 취하든 간에 중요한 것은 시인이 감각을 이번 시집의 전략적 의장으로 구사하고 있다는 것이고, 그러한 의장한 속에서 삶의 진리, 인생의 진리를 유효적절하게 읽어내고 있다는 점일 것이다.

> 인간들이 종종 맹랑한 짓을 하여
> 모습이 바뀌기도 하고
> 몰골이 흉하고 처참해질 때도 있지만
> 인간에게 나쁜 마음을 웅크린 산은 없으리라

인간에게 어떤 낭패를 당하더라도
　　내색 않고 묵묵히 버텨내면서
　　여전히 인간에게 무수한 것들을 내어준다

　　어쩔 수 없는 쓸쓸함이 자신을 덮고
　　공허가 골짜기마다 가득 찰 때도 있겠지만
　　그때그때의 깊은 호흡으로
　　산은 여전히 인간에게 의연함을 보여준다

　　골이 깊고 험준한 큰 산 뿐만 아니라
　　인간의 편의대로 이곳저곳에 손을 댄
　　도회지 주변의 작은 산이라도
　　산은 진솔한 산의 향기가 있고
　　산이 본래 지닌 산다움이 있다.

「인간과 산」 전문

　인용시는 인간과 산의 관계가 이른바 감각을 통해 구분되고 있는 작품이다. 산에는 "진솔한 향기"가 있다고 보는 것인데, 그렇다면, 인간에게는 산의 그러한 "진솔한 향기"가 없다는 뜻이 되기도 한다. 실제로 산은 여유가 있고 마음이 넓기에 인간에게 모든 것을 내어준다고 하는데, 이 말의 내포는 인간에게는 그러한 정서가 없다는 뜻도 된다.

　향기는 인간의 이성을 마취시킨다. 이성이 무감각해진다는 것은 그것의 기능이 사라진다는 뜻이고, 그럴 경우 현존의 어려움이나 실존의 무게와 같은 것들은 대부분 무화되기에 이르른다. 인간이 세계에 내던져진 존재라거나 원죄를 가진 존재, 그리고 근대가 주는 암울한 단면에 노출된 존재라고 하는 것이야말로 이성의 부조리한 작용과 분리하기 어려운 부분이다. 이런 이성을 마비시키고, 그 너머에 억압되어 있는 본능의 영역을 일깨우는 일이야말로 존재의 불구성과 현존의 '납덩어리'로부터 벗어나게 하는 지름길이 될 것이다. 시인은 그러한 지대로 가는 길, 다시 말해 유토피아로 가는 길에 감각을 동원하여 서정의 완결을 이루고자 한다. 감각이 주는 황홀한 축제를 통해서 이성의 전능을 무너뜨리고 잠들어있던 무의식과 본능을 일깨우려 한다.

무딘 육체와 죽어있는 정신을 일깨우는 데 있어서 감각만큼 좋은 기제도 없을 것이다. 뿐만 아니라 감각은 경험을 일깨우고 그것이 갖고 있는 공통의 지대를 환기시킴으로써 동일성을 회복시키는 데에도 좋은 매개 역할을 한다. 시인이 아름다웠던 유년, 동일성이 파괴되지 않았던 유년으로의 여행을 떠나는 것도, 자연이 매개된 "순리順理가 영원한 세상의 원리原理이기를 갈망하는 것"(「순리」)도 향기와 같은 감각의 작용과 깊은 관계가 있다. 말하자면 이번 시집에서 감각이란 알파와 오메가였다고 할 수 있을 것이다.

시인 박영욱

1956년 3월12일 서울 출생
중동고 졸업, 연세대 중어중문학과 졸업
2024년 계간 『동행문학』에 「매발톱꽃」, 「오후의 정경」으로 등단.
(전) 세화여고 교사
글쓰기를 권유했던 아버지(故 박두진 시인)의 말이 떠올라
늦은 나이에 글을 쓰기 시작함.

시집
『나무를 보면 올라가고 싶어진다』 (2022)
『유년의 그리움』 (2024)
『정적이 깨지다』 (2024)

● 2024년 『정적이 깨지다』 "문학 나눔 도서" 선정됨.

부암동 빵집

지은이 | 박영욱
펴낸이 | 안제인리
펴낸곳 | 동행 출판사
1판1쇄 | 2025년 4월 25일
등록번호 | 제2022-000020호
주소 | 서울시 종로구 혜화로 3길 5, 301-410
전화 | 02-744-7480
FAX | 02-744-7480
전자우편 | dhaeng33@naver.com

값 12,000원
ISBN 979-11-984311-6-5 (03810)

* 이 책의 판권은 지은이와 동행 출판사에 있습니다. 양측의 서면 동의 없는 무단 전제 및 복제를 금합니다.